갓스툰 -창세기 편

지은이 | CGN GODTOON
초판 발행 | 2024. 5. 30.
등록번호 | 제 1988-000080호
등록된 곳 | 서울특별시 용산구 서빙고로65길 38
발행처 | 사단법인 두란노서원
영업부 | 2078-3352   FAX | 080-749-3705
출판부 | 2078-3331

책 값은 뒤표지에 있습니다.
ISBN 978-89-531-4855-0 04230
      978-89-531-4854-3 04230(세트)

독자의 의견을 기다립니다.
tpress@duranno.com   http://www.duranno.com

두란노서원은 바울 사도가 3차 전도여행 때 에베소에서 성령 받은 제자들을 따로 세워 하나님의 말씀으로 양육하
던 장소입니다. 사도행전 19장 8-20절의 정신에 따라 첫째 목회자를 돕는 사역과 평신도를 훈련시키는 사역, 둘째
세계선교(TIM)와 문서선교(단행본·잡지) 사역, 셋째 예수문화 및 경배와 찬양 사역, 그리고 가정·상담 사역 등을
감당하고 있습니다. 1980년 12월 22일에 창립된 두란노서원은 주님 오실 때까지 이 사역들을 계속할 것입니다.

God's toon 갓스툰

CGN GODTOON 글·그림

창세기 편

두란노

차례

가계도

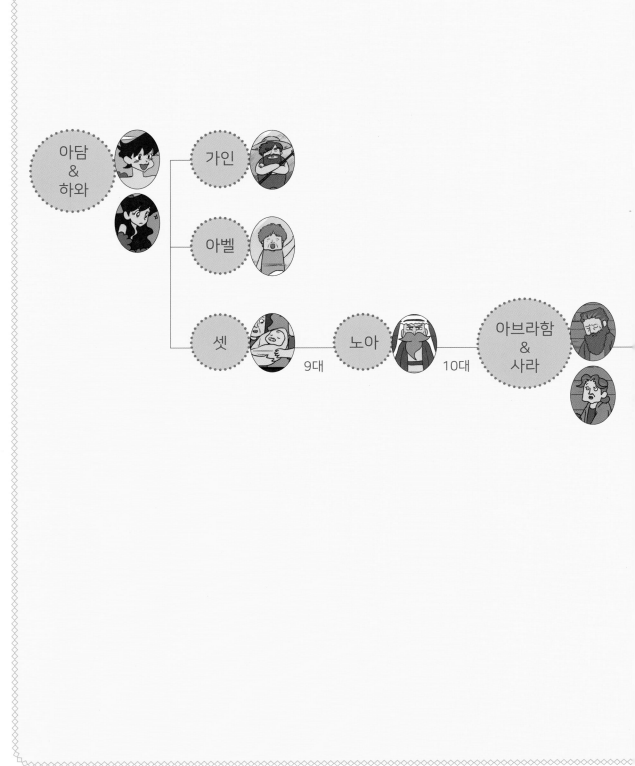

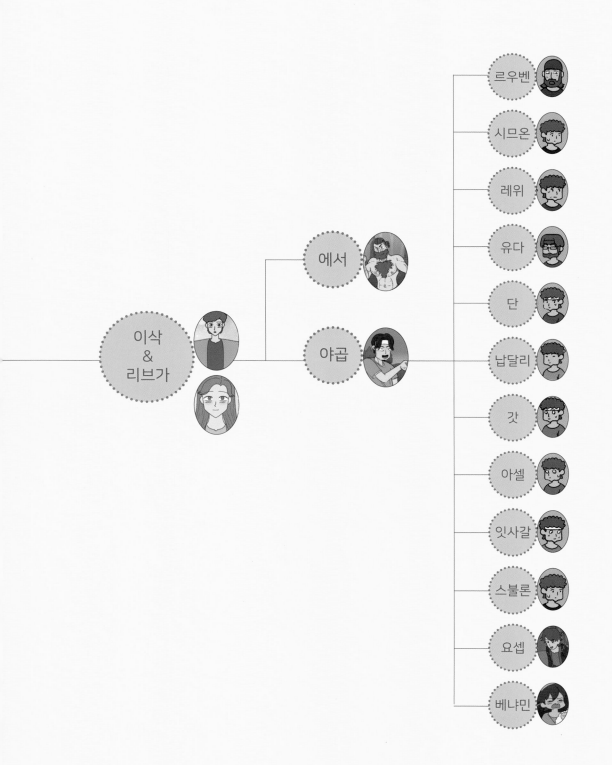

1

에덴동산 이야기

창세기 1장-3장

어… 어?

나도 이제 다 안다구요!
우리에겐 원래 다리가
있었다는 걸요!

두둥!

네… 네가
그걸 어떻게?

짜잔

저도 다 봤어요!
할아버지의 할아버지의
할아버지의 할아버지의
할아버지의 어릴 적 사진!

크흑

이대로 가문의
비밀이 탄로 나는
건가!

빨리 설명해
주시죠!
우리의 다리가
없어진 이유!

그 일만 아니었다면
우리가 이렇게
기어다니지
않았을 텐데….

하…

이 이야기는 말야 아주 먼~ 옛날!

그러니까 이 세상이 시작된 때의 일이야.
하나님이 세상을 창조하시고
에덴동산을 만드셨을 때의 이야기지.

거기에서는 하나님이 만드신
인간과 동물들이 한데 어우러져서
아주 재미있게 살고 있었어.

단, 한 짐승만 빼고.
그게 바로!
우리의 조상, 뱀이었지.

스윽

그 뱀은 뭐랄까?
반항기가 유난스럽게
많았어.

여?
뱀~
너도 같이 놀자!

하와

아담

쳇

저렇게 만날
행복하게만 살면
안 지루한가?
난 이렇게 사는 건
재미없어!

색다른 자극이
필요하단 말이야~
뭐 재밌는 거 없을까?

저벅 저벅

빙고!

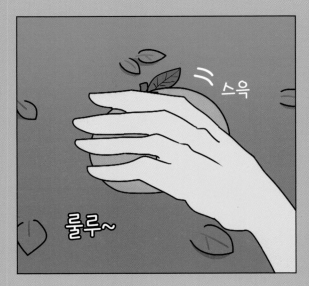

스윽

룰루~

오늘은
뭘 먹을까?

파바바바박

스윽

누구?

툭툭

아~ 뱀이구나!

여기서
뭐해?

오늘
점심거리를
찾는 중이야.

어디 봐!
뭐 좋은
거라도 있어?

기웃기웃

응?

근데 눈은
왜 가리는 거야?

미리 알면
재미없으니까~
자, 이대로 쭈욱
직진, 직진!

오른쪽으로
가라니까!

저쪽 저쪽

아, 안 보이는데
어떻게 가?

아… 답답해!

아이, 진짜!
대체 어딘데!

오른쪽으로!
더 오른쪽!

자~

다 왔어요~
하나 둘 셋!

짠!

에이~
뭐야? 선악과잖아!
저건 먹으면 안 돼!

잉? 왜?

그야, 하나님이 먹지도
만지지도 말라고
하셨으니까…. 먹으면
죽을 수도 있대.

푸핫!

뭐? 죽어? 너 바보야?
그거 다 장난으로
하신 말이잖아.

아니야,
그럴 리가 없어

그… 그런가?

야! 생각을 좀 해봐~
하나님이 널 직접
만드셨는데, 꼴랑 저거 하나
따 먹었다고 죽이시겠어?

그래~
내가 볼 땐 저걸 먹으면
하나님처럼 엄청난
힘이 생기는 거야!

스스슥

사사삭

그러니까 하나님 혼자
다~ 먹으려고 너희에게
거짓말한 거라고!

속닥

딱 한입만
먹어 봐!

한입만~

아… 오늘따라
저게 왜 이렇게
맛있어 보이지?

얼른!

씨익

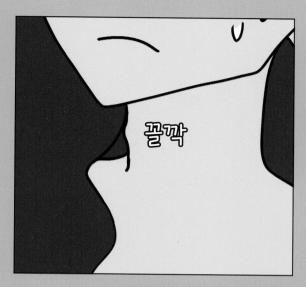

꼴깍

스윽

자기야~
밥 다 됐어~
빨리 와!

!!!

으잇? 안 돼!
그거 먹으면
안 된다고! 떨어져!

안돼애애애애애!!!

뭐?!
참나, 나도
억울해!

벌떡!

하나님~ 저 진짜
안 먹으려고
했거든요? 근데
뱀 저 자식이!

울먹울먹

두리번
두리번

어?
어디 갔지?

휘오오옹

히이이익!

뱀! 이 모든 게
사실이냐?!

...

삐쭉

잠깐, 아담! 하와!
그리고 가려고?

어리둥절

자, 이거라도
입고 가거라.

두둥실

가, 감사합니다.

2

가인과 아벨

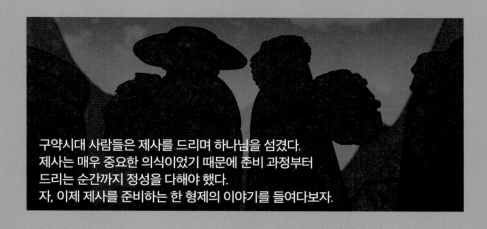

구약시대 사람들은 제사를 드리며 하나님을 섬겼다.
제사는 매우 중요한 의식이었기 때문에 준비 과정부터
드리는 순간까지 정성을 다해야 했다.
자, 이제 제사를 준비하는 한 형제의 이야기를 들여다보자.

창세기 4장 1-15절

으흠흠~♪

룰루루~♬

으흠흠~♪

달그락 달그락

아담과 하와는 두 아들을 낳았다.

첫째 가인, 농부다.

엣헴

둘째 아벨, 양치기다.

하이!

내일 하나님께 제사 드리는 날이잖아~ 그거 준비하느라 바쁘겠지.

저녁 먹을 시간 다 됐는데, 얘들은 왜 이렇게 안 와?

우다다다다다

삐빅!

쾅!

아흑ㅜㅜ

어우, 배고파!

밥 주세요 밥! 오늘 반찬은 뭐예요?

엄마! 아빠! 이것 좀 봐요!

다음날!

이 정도면 되겠지?

하아품

아우~ 졸려.
아침부터 제사 드리려니
너무 피곤하네.

하이!

형! 벌써 와 있었네.
형은 어떤 거 준비했어?

응!

시큰둥

난 뭐 그냥 내가
농사 지은 거 들고 왔지.
그냥 빨리하고 가자.

제단 앞에 무릎 꿇은 두 형제, 제법 경건해 보인다. 과연 속마음은 어떨까?

하나님, 제가 드리는 제사를 받아 주세요.

제사 끝나고 남은 벼 싹 다 베야 하는데, 언제 다 하냐! 귀찮아 죽겠네.

아… 귀찮아

하나님, 제가 키운 양의 첫 새끼와 기름을 하나님께 드립니다. 저에게 있는 가장 소중한 것을 드리니 제 제사를 받아 주세요.

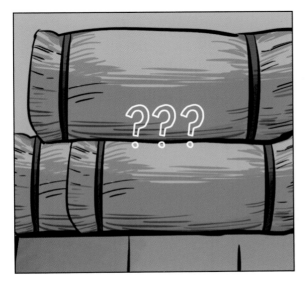

아벨의 제단에 불이 붙었다. 하나님이 아벨의 제사를 받으셨다는 뜻이다.

하! 헛! 참나! 아무리 생각해도 이해가 안 되네!

아니, 하나님! 왜 제 제사는 안 받아 주시는 겁니까?

투덜 투덜

버럭

버럭

가인아, 왜 이 일에 대해 내게 화를 내는 것이냐?

제가 제사한다고 제물도 준비하고 기도도 했는데…. 그러면 된 거 아닙니까?

내가 왜 아벨의 제사만 받았는지 생각해 보아라.

씨익 씨익

아, 진짜 열받네. 아벨 그놈만 열심히 준비했나?

부들부들

나도 뼈 빠지게 고생하면서 열심히 농사지어 드린 건데, 내 제물은 무시한다 이거지? 기분 다 망쳤네!

으으윽!

아벨은 처음 난 것을 제물로 바치고 믿음으로 제사를 드렸기에
하나님이 아벨의 제사만 받으신 게 아니었을까?

어떻게 하면…

하나님이 내 제사를 받게 만들지?

가인! 당장 악한 생각을 멈춰라!

아벨의 방

호호음~ ♪ ♬

오늘 하나님
내 제사 사각사각

오늘… 하나님이…
내… 제사를… 받아 주셨다.
내가 정성껏 준비한 제사를….

야, 아벨!
양 잘 쳤냐?

응~

끼익

건들건들

아~ 참! 내가 오는 길에
보니까 늑대가 네 양 한 마리
물고 가던데?

뭐라고?
어디로 갔는데?

따라와.

씨익

벌떡!

탁탁탁

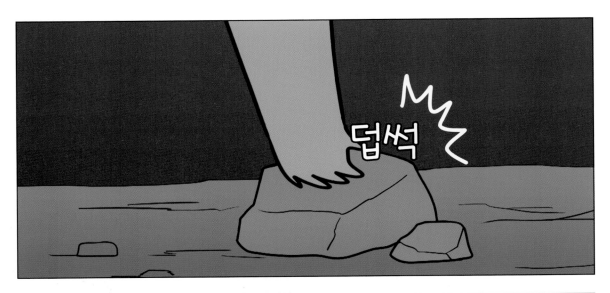

아벨, 너만 없어지면 하나님은 내 제사를 받아 주실 거야!

툭

쨍그랑!

가인아, 네 동생
아벨이 어디 있느냐?

· · ·

허억 허억

저, 저도 몰라요!
제가 무슨 동생
지키는 사람도 아니고!

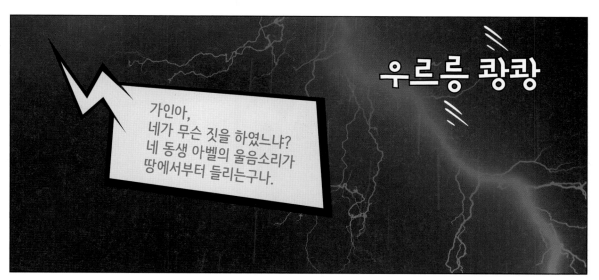

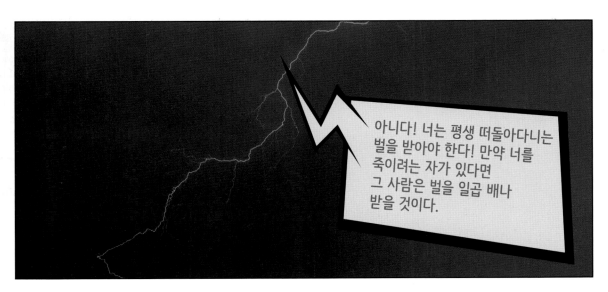

아니다! 너는 평생 떠돌아다니는 벌을 받아야 한다! 만약 너를 죽이려는 자가 있다면 그 사람은 벌을 일곱 배나 받을 것이다.

흑흑…

가인이 아벨을 죽인 사건은 인류 최초의 살인사건이자 친족 살인 사건이었다.

흑흑흑…

달칵

이후, 아담의 아내는 다시 임신하여 아들을 낳고 '하나님이 아벨 대신 나에게 다른 아들을 주셨다'라는 의미로 이름을 '셋'이라고 지었다.

3

노아의 방주

창세기 6장-8장

네, 하나님!
잘 전달했습니다.

아뇨, 제가 천사인지
모르던데요.

방주는 이제 한
70퍼센트 정도
완성된 것 같더라고요.

네, 지금
복귀하겠습니다.

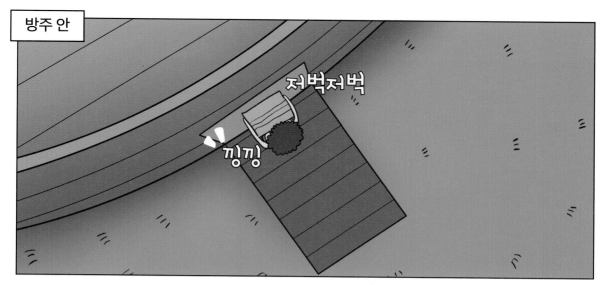

방주 안

저벅저벅

깽깽

으읏차!

끙끙

휴….

툭!

으아~ 피곤해!
5분만….

컥!

드르렁~

드르렁~

섐~
어디 있어?
노아
여기 있었네~
이리 와서 아빠
좀 도와주렴.
빼꼼
뒹굴
하암~
지금요?
저 5분만 좀
쉴게요~
응?
뭐라고?
꽈악
우지끈
아… 아하하!
뭐부터 하면
될까요?
벌떡

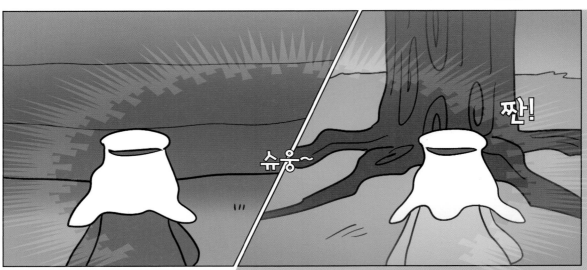

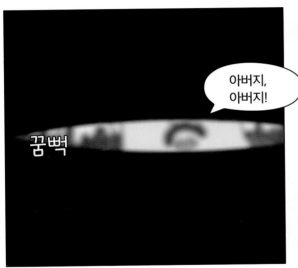

노아의 집

뭐?
물로 심판한다고오?
이왕 심판하는 거
술로 심판해 줬음
조오~켔다!

딸꾹

딸꾹

휙

휘우우웅~

곧 쫑말이 다가온다!!
얼른 방저에 드러

방주 안

그쪽 짐은 저쪽으로 옮기고 안 탄 동물은 없는지 다시 한번 잘 체크하고….

어수선 어수선

그건 이쪽이야~

자, 안 탄 동물 손?

오케이~ 다 탔고! 음….

아들~ 무슨 생각 하니?

아, 엄마!

하나님이 진짜 이 세상을 심판하실까요…?

갑자기 왜 그런 생각을 해?

이렇게 하루가 다 가는데 아무 일도 안 일어나잖아요. 우리가 괜히 헛수고하는 게 아닐까요?

음….

아들, 아버지가 지금 뭐하고 계시지?

쿠구궁!!

응?

무슨 소리지?

후다닥

서… 설마!

탁!

툭

툭

툭

어떡해? 비가 오나 봐.

진짜 노아의 말이 사실인가?

웅성웅성

쿠르릉 쿠르르르릉

!! !! !!

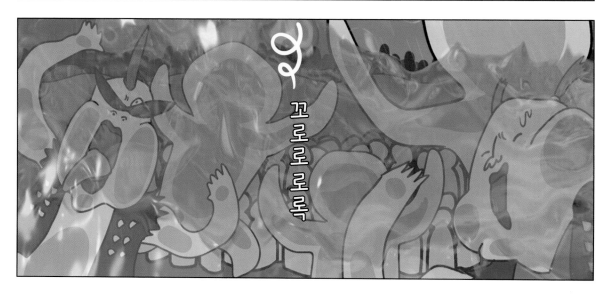

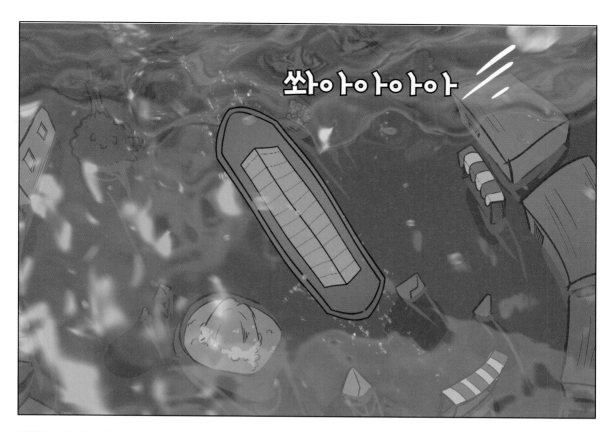

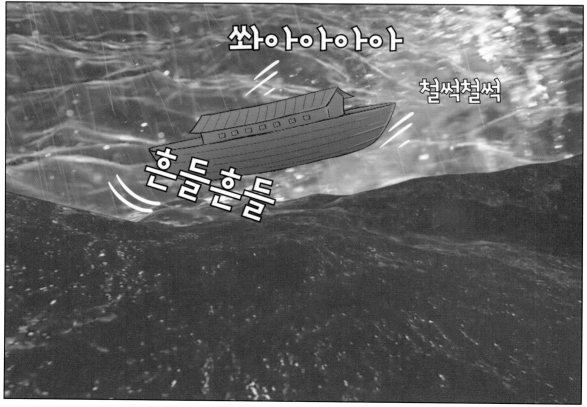

40일 후

맛있게 먹어라~

퍽

퍽

앗!

아버지! 괜찮으세요?

괜찮아. 살짝 베인 것뿐이야.

피가 많이 나는데요? 어디 구급약 없나?

아이고, 내 정신 좀 봐! 그걸 깜빡했네.

아! 맞다!

아버지! 여기 비상 재난 키트가 있어요! 이거 예전에 아버지 앞으로 왔던 택밴데 제가 깜빡하고 여기 뒀어요.

드르륵 - 탁!

먼저 내려가 봐요~

물이 좀 빠진 것 같은데?

내려도 될까?

아버지, 어떻게 하면 좋을까요?

섣불리 나가긴 아직 위험해 보이니. 어디 보자….

흠

그래! 새를 날려 보내서 바깥 상황을 알아봐야겠어!

나?

★ 성경에서는 비둘기가 올리브 나무 가지를 물고 돌아온 것을 보고 노아와 가족들이 물이 빠지고 있다는 사실을 알게 됩니다.
본 책에서는 내용의 이해를 쉽게 하기 위해 각색되었습니다.

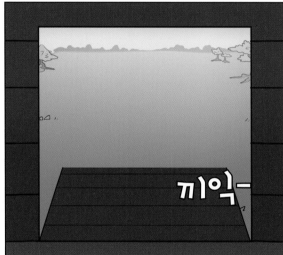

4.

바벨탑 사건

창세기 11장 1-9절

휴~

이제 도착인
건가?

꿀꺽꿀꺽

저벅저벅

크흠

모두
주목!

여러분도 알다시피
우리 인류는 옛날
대홍수 사건으로 멸망
당한 적이 있습니다.

그 엄청난 비를 누가 내렸습니까?
바로 하나님이 제멋대로
인간들을 쓸어 버린 것입니다!

우리가 또 그와 같은 재앙을 당하지 않으려면!

웅성웅성

그런가? 그런 것 같기도 하고?

높고 튼튼한 탑을 쌓아서 대비해야 합니다!

척!

척!

맞아! 맞아!

그런 물난리는 피해야지.

좋아요!

좋습니다!

그래! 그래!

좋은 생각 입니다!

이왕 쌓는 거 하늘 끝까지… 아니 그보다 더 높이 쌓아서 하나님도 함부로 하지 못하도록! 우리도 한번 신이 되어 봅시다!

아자!

와아아아아!!!!

81

바벨탑 공사 현장

음~ 좋아. 아주 순조롭게 잘 진행되고 있어! 이대로라면….

이봐!
하늘까지 탑을 쌓는 데 대략 얼마나 걸리지?

현재 이 인원에 동력을 더하고 거기에 속력을 곱하면….

딱 2만 3천 일 걸리네요!

저희처럼 신의 위치에 도달하고 싶은 사람이 많이 모여들고 있습니다.

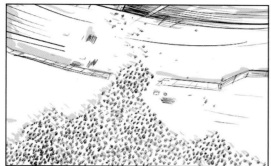

이대로라면 곧 하늘에 도달하는 탑을 쌓을 수 있을 것 같습니다!

이러고 있을 때가 아니야! 더 빨리! 더 높이 쌓으려면 우리도 가만히 있을 수 없지!

나, 참!

다들 무슨 말 하는 건지 하나도 못 알아듣겠네.

됐어, 난 계속 탑을 쌓을 테니까!

어이, 거기! 내려와! 이제 내가 할 테니까!

うん？何か 欲しいのか？ (응? 뭘 달라는 건가?)

아니, 너 내려오라고! 너!

分かりました！ (알겠습니다!)

두리번

두리번

あ、これですか？ (아, 이거요?)

콰드득

응? 뭐… 뭐야?

안 돼! 안 돼애애애애!
히이이이익!!
쿵!
야! 너 이게
무슨 짓…
으윽
응?
쿠구구구궁
Hey! Don't do that!
Stop it! Stop!
(이봐, 그렇게 하면 어떡해?
그만해! 그만!)
大家说的话
怎么这么奇怪?
(왜 다들 이상한 말을
하는 거야?)

잠깐만! 다… 다들 어디 가는 거야! 바벨탑 쌓아야지! 당장 돌아와! 돌아오라고!

당황

다급

와다다다다

다들 거기서!

휘우웅~

다… 갔네.

덩그라니

휙

쿵

조금만 더… 조금만 더 올라가면 하나님과 맞먹을 수 있었는데…. 나 혼자서라도 해 봐?

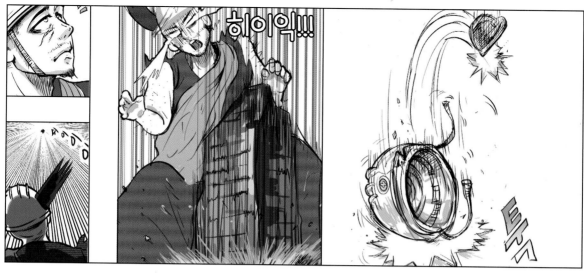

히이익!!!

덜덜덜

하아

그만···
가자···.

탈레덜레

보시는 바와 같이 바벨탑 공사는
중단되었습니다! 이곳에서 일하던 사람들이
갑자기 흩어졌다고 하는데요, 정부는 원인을
알아내기 위해 조사에 착수할 예정입니다.

접근금지

그러므로 그 이름을 '바벨'이라 하니 이는 여호와께서
거기서 온 땅의 언어를 혼잡하게 하셨음이라.
여호와께서 거기서 그들을 온 지면에 흩으셨더라.

소돔과 고모라

저벅저벅

창세기 13장 1-13절, 19장 1-29절

삼촌 아브라함이
살고 싶은 땅을 고르라고 합니다

당신의 선택은?

▷ 소돔 캐슬
GWANG YA

소돔 캐슬
▷ GWANG YA

당신은 쾌락의 도시
소돔 캐슬을 선택했습니다

소돔은 풍족한 성이지만
하나님을 섬기지 않는 매우 타락한 곳

그럼 난 반대쪽으로 가마.

하나님, 오늘 하루도 무사히 지낼 수 있도록 지켜주십시오.

하아···

··· 어?

당신이 아브라함의 조카 롯입니까?

슈웅~

깜짝!

네. 그런데 누구···?

하나님의 뜻이 궁금하시다

365일 움직입니다 맘맘 김엔젤

수웅~~?

0-1004-1004

롯의 집

차린 건 없지만 맛있게 드십시오.

칫! 남친 만나러 가기로 했는데…

아, 그러니까~

쉬잇!

속닥 몰라~

속닥 왜 실내에서 선글라스를 끼는 거야?

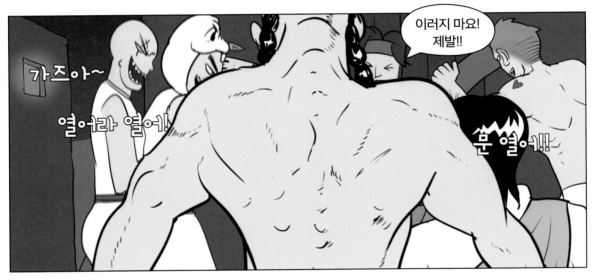

콰앙!!

스윽

...

아~ 니가 그
손님이야?

자, 여기 보세요.

스윽

뉴럴라이져

특수 아이템
적의 눈을
순간적으로 멀게 한다
(스턴효과 +777)

뭐야?

하나 둘 셋!

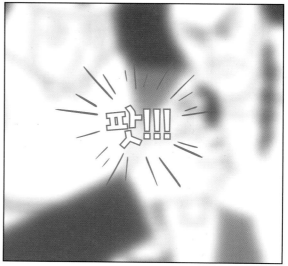

팟!!!

오늘 정신 놓고
놓고 싶은 사람 모두
소리 질러~~~~!

알겠는데요,
저 오늘 승진해서 기분
엄~청 좋은데 한잔만
딱 마시고 들어갈게요.
예?

짜증

지이이이잉

지이이잉

여보! 지금 빨리
나가야 된대요.
얼른!

여보세요?

난 분명히
경고했어!

저희가
알아서 할게요~
들어가세요~

하아

아, 네네. 얼른 복귀하겠습니다.

자 서둘러 가십시오. 그리고 절대! 죄로 가득한 이 도시를 돌아보면 안 됩니다.

끄덕

끄덕

네!

저흰 이만 가야할 것 같습니다. 꼭! 살아남으십시오!

뿅!

오오오.

네에···

자!

일단 맨 앞에 당신이 가고 나는 맨 뒤에서 애들 챙길게요! 갑시다!

당신은 집에
다이아를 두고 왔습니다

▶ 얼른 가서 가져온다
아쉽지만 그냥 간다

지금이라도 빨리
뛰어갔다 올까?

스윽

으아아악!

쩌저적

롯의 아내가 소금 기둥이 되었습니다

소돔성 광장

우웨엑

응?

뭐야, 아침인가?
근데 저게…
해가 뜬 건… 가?
좀 이상하게 생겼는데?

아휴~
태양이 태양이지 뭐여.
달이겠어 저게?

근데, 이쪽으로
점점 다가오는 거
같은… 데?

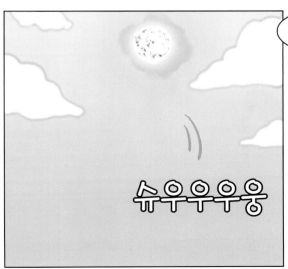

슈우우우웅

어…? 어어어어????

다행이다, 다행이야!
하나님이 너를 살리셨어.
그런데 네 아내는?

그랬구나.

로닥토닥

흑흑

천사들의 경고를
무시하고
뒤를 돌아봤다가
그만….

하나님. 저희가
죄에 빠지지 않게 지켜 주시고
이 땅에 다시는 죄 때문에
이런 끔찍한 일이 일어나지
않게 해주십시오.

인간은 죄 때문에 심판받았지만
계속해서 죄를 반복해 왔고

오늘날도 여전히
죄를 지으며
살아가고 있다.

6

아브라함의 순종

창세기 22장 1-18절

고향을 떠나

믿음의 길에 오를 자 누구인가!

다양한 퀘스트와 시련을 뚫고

믿음으로 불가능에 도전하라!

잠깐, 잠깐만….
이게 그동안
아브라함의 인생을
표현한 거란 말이지?

아, 네! 제가 게임 광고처럼 한번 만들어 봤습니다.

저 믿음이 얼마나 굳건한지 궁금하구나.

지금 당장 테스트를 시작하겠다!

벌떡!

?!

아브라함의 집

이삭! 저~기 별 보이지? 이거 다 세면 아빠가 선물 줄게!

하나 둘… 일곱 여덟….

허허허

그치?

아이, 너무 많아요~ 이걸 어떻게 다 세요~

사실 옛날에 하나님이 이 많은 별처럼 아빠한테 많은 자손을 주겠다고 하셨어~

오~ 정말요?

그래~ 하나님이 약속하셨기 때문에 엄마, 아빠가 100살이 넘었는데도….

!!

벌컥!!

자~ 이제 다들 자러갑시다!

왜 저에게
이런 명령을 하십니까?
대답해 주세요, 하나님!

흑흑

징얼 징얼

엄마~
나 동생 낳아 줘요~
동생 갖고 싶어요~
네?

아이고! 엄마 나이가
몇인 줄 알아?! 이 나이에
이렇게 숨 쉬고 사는 것도
기적이야, 이 녀석아!

아잉~ 제가
잘 키울게요~

당신! 어제 애한테
뭔 얘기했어요?
계속 동생 낳아달라고
아주 그냥….

어? 어….

!!

어제 우리가 본 별만큼
많은 자손을 주겠다고
하셨다면서요~
그죠 아빠?

아빠! 우리 끝말잇기 하면서 가요. 제가 먼저 할게요~

바닷가!

다그닥

다그닥

가축.

축이 뭐가 있지? 음… 아! 축제!

크흡

제… 제사….

제사? 사….

하아….

아빠! 여기 올라가서 제사드리는 거예요?

오~

나랑 이삭만 산에 올라갈 테니까 제사가 끝날 때까지 여기서 기다리거라.

네~

같이 올라가는 줄 알고 쫄았네. 갓스툰 봐야지~

웃차 웃차

예~!

정상에 도착!
아빠, 저 제단
쌓는 거 가르쳐
주세요!

뭐?

저도 어른이 되면
혼자 제단 쌓아서
하나님께 제사 드려야
하잖아요~

그래~ 아들!
하나님을 잘 섬기는
어른이 되길 바란다.

영차!

영차!

짜잔!!!

완성!

후~
생각보다
안 어려운데요?

탁탁

이제 제물을… 어?
제사 드릴 제물을
안 가져온 거 같은데….

두리번

두리번

아들! 아… 아빠가
재밌는 거
가르쳐 줄까?

재밌는 거… 요?

응, 저 제단 위에 올라가 누워서
눈 감고 딱 60초만 세 봐.
그럼 제사에 쓸 제물이
눈앞에 나타날 거야!

야브라함의 아들은 실제로 제물이
되지 않았지만, 오랜 세월이 지나
누군가의 아들이 인류를 구원하기
위해 제물로 바쳐졌다.

그는 하나님의 귀한 아들
예수 그리스도였다.

7

이삭과 리브가

창세기 24장

이삭 / 솔로

흠…

아브라함한테 많은 자손을 주겠다고 약속했는데, 이삭이가 아직까지 혼자라니 이것 참….

하나님! 아무래도 저희가 나서야 할 것 같습니다!

그럼 지금 당장 아브라함에게 이삭이의 상황을 알려라!

넵!

가나안으로 천사 요원 한 명 출동합니다!

쓰리, 투, 원 고!!

충 장

슈웅~

146

아브라함의 집

가나안 땅

하아아아품

아휴, 늙으니까 잠이 안 오네.

어? 저거 이삭이 아냐? 아니, 쟨 이 시간까지 안 자고 뭐하는 게야?

저, 이사…ㄱ!

번쩍!

아잇!

아이고~ 천사님 오랜만이네요!

다급

촉장

네네, 반가워요. 아니 근데 저기 이삭이 좀 보세요!

147

아휴, 네에~
우리 이삭이
많이 컸죠?

아니,
그 말이 아니라…

하나님이
하셨던 말씀
기억 안 나세요?

네? 아….

아브라함아 너의 자손이
이 별처럼 많아질 것이다.

아! 당연히
기억하죠~

답답

근데 이삭이가 아직까지
혼자인 게 말이 돼요?
얼른 이삭이의 신부를
찾아야 해요!

그럼 지금 당장 일을
진행하겠습니다!

아자!

네 저희도 최선을 다해
도울게요! 파이팅!

아니! 하나님이 주신 이 가나안 땅에 와서 살 여자를 찾아야 한다!

근데 저를 보고 딸을 여기까지 보내 줄까요잉?

흠… 한번 웃어 봐.

씨―익

어… 저… 거… 걱정 마. 하나님이 널 도와주실 거다.

그럼 파이팅 한번… 할까?

촤핫!!

천국 본부

엘리에셀은 출발했고 현재 리브가 상황은 어떠한가?

아~,네! 리브가는요~

어? 저, 저놈 뭐야! 안 되는데!

여기는 천국 본부, 리브가에게 출동!

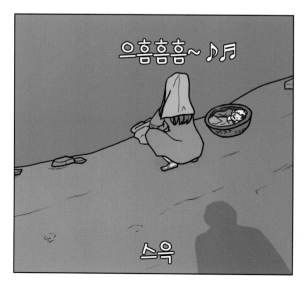

으흠흠흠~ ♪♬

스윽

톡톡

저기요~

아하하하… 하하…

아, 맞다!
제가 집에 코털에 물주러…
아… 아니,
나무에 물 주러
가야 돼서요~

죄송합니다!

엇, 저기요!

후다닥!

스욱

아아, 여기는
출장 천사.
임무 완료!

출장

잘했어! 리브가도
우물로 도착했으니
이제 곧 아브라함 종이랑
딱! 마주칠 거야.

여기서부터

하 란

후… 여긴가?

아~
근데 이 많은 여자 중에
누가 이삭 도련님의
신부일까?

스욱

리브가의 집

어색 어색

아니, 무슨 소식이길래 여기까지 다 사람을 보내시고….

엄마 아빠 오빠

아… 그것이… 그… 따님과 저희 이삭 도련님을 결혼시키고 싶어서요.

아아~

네에~

네에?

헤엑?

결혼이라구요?!?!

어머, 어머!

아이고~ 그렇게 놀라지 마시고 설명부터 들어 보세요~

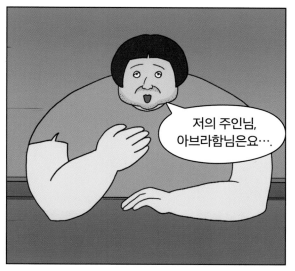

저의 주인님, 아브라함님은요….

천국 본부

하나님의 축복으로 엄청난 부자가 되셨어요~

그리고 이삭 도련님께 물려주셔서~

이러다 둘이 진짜 잘되겠는데?

근데 리브가가 결혼하려고 할까?

와구와구

저거 봐! 리브가도 좋아하는 거 같아.

꺄아~

오오~~

이거 되겠다, 되겠다!

야야, 얘들아! 설명 끝났다.

그리고 순정남이시고요.

어쩌고 저쩌고…

아그작 아그작

제발 허락해 주십쇼!

리브가야, 넌 어떻게 하고 싶니?

얼굴도 못 보고 결혼하는 게 좀 걸리긴 하지만 하나님의 뜻이라니… 이거야 말로

샤랄라~

데스티니 아닐까요?

저희 딸을 잘 부탁합니다….

아이고~ 허락해 주셔서 감사합니다.

다음날 아침

우리 딸, 아프지 말고 꼭 행복하고….

크으응

다들 사랑해요! 안녀엉~

들어가십쇼!

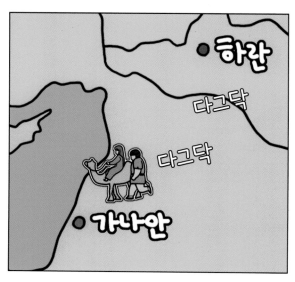

하란

다그닥

다그닥

가나안

휘유우우웅~

가나안입구

아버지, 오늘은 제 신부될 사람이 올까요?

그, 글쎄다….

! .

엇! 어엇!

헉! 허억 헉!

후다다다다닥

163

하나님의 약속대로
아브라함을 통해
자손이 계속해서
이어졌고

14대에 다윗이
태어났으며,
마침내

이 땅을 구원할
예수 그리스도가
태어나게 된다.

8

에서와 야곱

창세기 25장 19-34절, 27장

하이!
친구들 갓하~ 여러분이
나를 너무 보고싶어해서
이렇게 찾아왔다냥~

ON AIR

오늘은 제가
여러분에게
사연을 하나
읽어드릴 텐데
잘 들어 보라냥~

닉네임
'야채곱창' 님이
보내 주신
사연입니당~

야채곱창
맛있겠다….

아~ 냥냥냥냥냥

안녕하세요. 저에게는
쌍둥이 형이 있어요.

엄마 말로는 형이
먼저 태어나고

제가 형의 뒤꿈치를
잡고 태어났대요.

저흰 쌍둥이지만
정말 달라요. 정반대라
자주 싸우냐고요?
아뇨~ 전혀요.

전 오히려 형이
너무 부러워요!

부 러 워~

장남이기 때문에
하나님 축복도 더 많이
받고, 아버지 재산도
많이 받거든요.

뭐… 집안을 책임져야 하는
부담감도 크지만요~

부담

부담

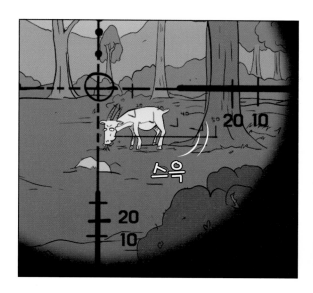

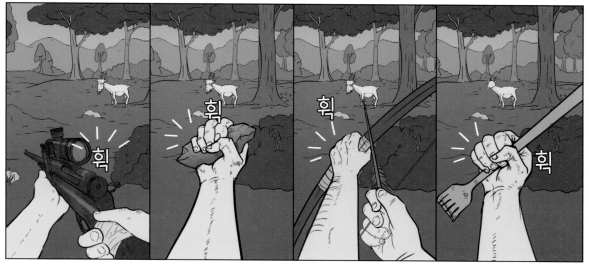

뭐?

고작… 팥죽
한.그.릇?

달콤 쌉싸름한 팥과
쫀득한 떡이 입 안에서
삼바를 추면서
목구멍에 싸악~
들어가면

뱃속이 든든~
해지는 이 팥죽을
안 먹겠다고?

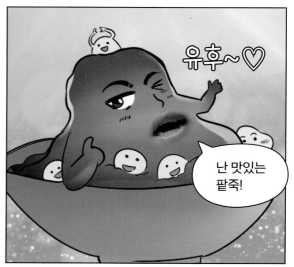

유후~♡

난 맛있는
팥죽!

히야아아

아는 맛이
무섭다더니…!

야야야, 알았어. 알았어!
자, 오늘부터 네가 형 해.
야곱 형~ 됐지?

맹세!

나, 에서는 이 시간부로 장남의 특권을 야곱에게 넘깁니다.

맹세!

깍둑

맛있게 드세요, 손님~

오케이!

후르르르르르르릅

냠냠

씨익

그래~ 형은 팥죽이나 맛있게 먹어. 하나님 축복과 아버지 재산은 내가 가져갈게.

털썩

봄

여름

가을

겨울

에서….
우리 장남 좀
불러와요….

에서요?

흑흑

여보!

내가 살 날이
얼마 남지
않은 것 같아요.

흑흑

후다닥

우당탕

아빠!

에서야…. 내가 죽기 전에 장남인 너에게 축복을 주고 싶구나.

네가… 사냥해서 대접해 주는 고기 요리가 참 맛있었는데….

엉엉

아빠!

야곱아, 지금이 기회야! 엄마도 다 알아.

네?

네가 형에게 장남의 특권을 샀다는 거.

아, 네….

네가 형의 특권을 빼앗았다고 생각하겠지만 하나님이 널 이미 정해 놓으셨어.

네?

하나님의 큰 축복을 받을 사람은 바로 너야. 지금부터 엄마가 시키는 대로만 해!

네가 형보다 빨리 음식을 준비해서

하나님의 축복을 먼저 받는 거야.

179

끼익

큼큼

아, 아빠.
저 왔어요.

에서냐…?

네.

목소리가 좀
달라진 거 같은데….
이리 좀 와 보렴.
만져 봐야 알겠다.

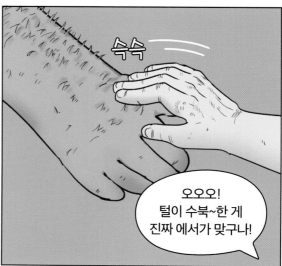

수수

오오오!
털이 수북~한 게
진짜 에서가 맞구나!

일단 이 요리부터 드세요.

스윽

음~ 그래, 그래.

후루룩

에서야, 아빠가 축복해 주마.

스윽

하나님이 너에게 복을 주셔서 앞으로 많은 자손을 낳고 우리 집안에서 최고가 될 것이다.

아멘.

뭐라도 잡아서 다행이다.

탁탁탁

화르륵

얼른 아빠한테 대접해 드려야지.

꽝!

아빠~ 에서왔쪄요!

깜짝!

아니… 무… 뭐?! 에… 에서? 좀 전에 아빠가 축복해 줬는데?

당황

무슨 소리예요 아빠~ 저 이때껏 사냥하다가 지금 왔는데….

뭐라고? 그… 그럼 내가 축복을… 대체 누구한테 준 거야? 서… 설마 그게… 야곱이었단 말이냐!

억울

네? 아빠! 야곱 그놈한테 축복을 주면 어떡해요! 저한테 다시 주세요!

아… 안 돼. 이미 하나님의 이름으로 축복해 줬어. 넌 동생을 섬기게 될 것이다.

… 그런 일은 있을 수 없어요!

부들부들

제가! 동생의 축복을 뺏어와야겠어요!

탁탁탁

쿵!

에서! 에서!

결국… 하나님이 예언하신 대로 다 이루어졌구나.

하나님, 살려주세요!

혁 혁

탁탁탁탁

거기 서!

혁 혁
씨익 씨익

탁탁탁탁

이 자식 감히 네가
내 축복을 가로채?

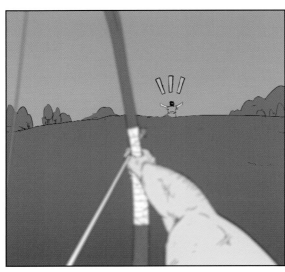

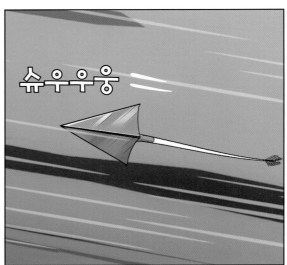

9

요셉 이야기

창세기 37장 3-36절, 39장 1-2절

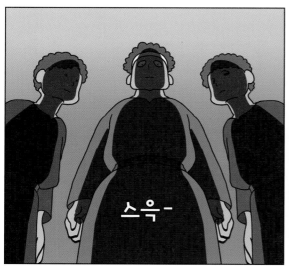

스윽-

너 거기 있으니까
진짜 딱 어울린다.

ㅋㅋㅋ

등등등

탁!

야, 저 자식 쫄았다 쫄았어.
그래가지고 죽기 전에
밖으로 나올 수 있겠어?

ㅋㅋㅋ

등등등

싹둑!

끄아아아악!!!

192

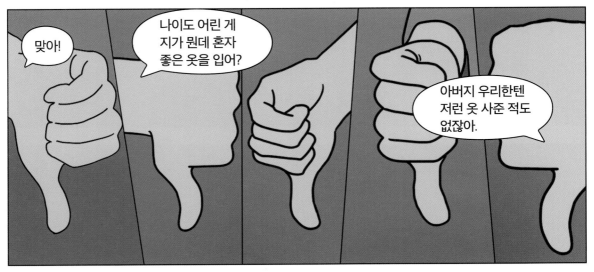

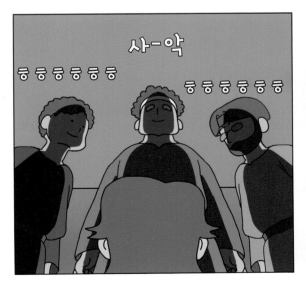

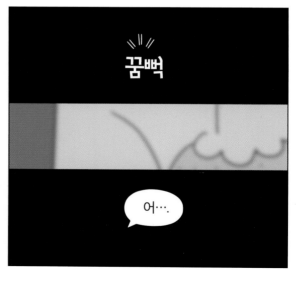

꿈뻑

으음···.

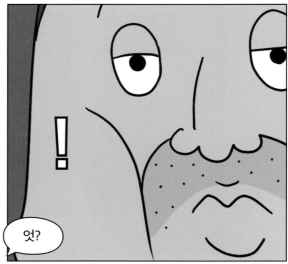

!

엇?

벌떡!

아··· 아악!

후다닥

아따~ 소리 지르는 거 보니까 멀쩡하구마잉.

후비적

누구세요? 여··· 여기가 어디에요?

당황

후비적

아, 어디긴 어디여~ 이집트 장사꾼의 수레지.

들판에 곡식단들이
있었는데

형들 곡식단이 제 곡식단에게
절을 하는 거예요.

그 꿈이 너무 신기해서
가족들한테 얘기했어요!

뭐?! 우리가 나중에
널 섬기기라도
한다는 거야?

웅성웅성

그리고 며칠 뒤에 또
비슷한 꿈을 꿨어요.

이번에는 글쎄 해와 달과 열한 개의 별이
저한테 절을 하는 거예요.

비슷한 꿈을 또 꾼 게
신기해서 가족들한테
얘기하니까…

야, 너 이리 와!
한 대 맞아야
정신 차리지?

우리가 너한테
왜 절을 하겠냐?

쾅!

요셉! 이제
꿈 얘기는
그만하거라!

워매…. 형들이
니한테 쌓인 게
많았나 보네~

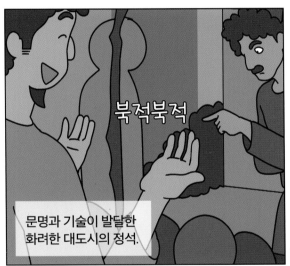

자신을 사 갈 주인을
기다리는 노예 두 사람.

과연 이 두 사람은
어떻게 될 것인가!

보고 가~
보고 가~

저기
튼튼해 보이는
돌쇠로 사겠네.
홀홀~

돌쇠예

제발
아무도 날 사지 마.

껄껄껄

노예 되기 싫어!
집에 가고 싶다고!

어…?

스윽

두-웅

어, 어어?

어, 어어?
안 돼!!!!

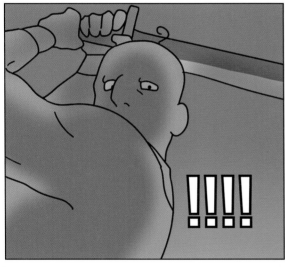

!!!!

안~~~~돼애애애애애!!!!

사-아아악!

하하하하

쟤 뭐 하는 거야?

쟤 좀 봐.

ㅋㅋㅋㅋㅋㅋ

야곱의 집

salt & light

너희는 세상의
소금이니~♪♬

다녀왔습니다~

달칵

네 삶 녹여 주 이름
알리어라~♪♬

왔구나.
얼른 손 씻고 와라.
저녁 먹자.

안녕!
양순이도 안녕!

배냐민 / 요셉의 막냇동생

아버지… 저…
드릴 말씀이 있습니다.

응? 왜?!

뚝!

머뭇머뭇

아… 그…
그게….

르우벤 / 요셉의 큰형

응? 근데
요셉이는?

아버지… 저희가 길에서
이걸 발견했는데….

스윽

이, 이건!
요셉이 옷이 아니냐!

부들부들

이… 이게 어떻게
된 일이냐?

너희! 내가 잠깐 자리 비운 동안 이런 끔찍한 짓을 벌여?

탁!

우리가 심했나…?

웅성웅성

씨익씨익!

우리가 심하다 생각해? 걔가 우리한테 한 짓은 잊었어?

우리 일하다가 잠깐 와인 한 잔 했을 때 요셉이가 아빠한테 일러서 엄청 혼났잖아요!

아, 맞아! 맞아!

그뿐이야? 좋은 옷이랑 물건들은 전부 요셉이 차지였잖아!

만날 우리 잘못하는 것마다 일러바치니까 아버지도 걔만 좋아하시는 거 아니야! 누가 보면 요셉이만 친아들이고 우리는 종인 줄 알겠다고!

그러니까! 우리는 같은 자식 아니야?

그만!!!

어쨌든! 너희는 동생을 노예로 판 거야. 무슨 말로 포장해도 용서받지 못할 거다!

형님 뭔 말인지 알겠는데, 그때 걔 노예로 안 팔았으면 거기서 죽었을 거예요. 아마 뭐, 어딘가에서 잘 살고 있겠죠.

하아···

하나님, 요셉이를 지켜 주세요.

보디발의 집

세~~~시~!

세 시요~
세 시입니다!

여어~
어? 요셉!

어?
돌쇠 아저씨? 여긴
어떻게 오셨어요?

우리 주인님이
심부름 시키셔서 왔제~
근데 넌 시계 들고
뭣하냐?

이게 제 일이에요. 시계맨.
시간을 알려주는
아주 단순하면서
현타★ 오는 일이에요.

★ '현실 자각 타임'의 줄임말로 자신이 처한 현실에 대해
부정적으로 자각할 때 쓰는 말.

215

아침 여섯 시부터
열 시까지는
낙타 똥을 치우고요,

열 시부터
오후 두 시까지는
포도밭에서
포도 나르기,

두 시부터 여섯 시까지는
시계맨을 하는데,

지금이
이 시계맨 타임이에요.

으음, 그렇구나~
근데…

왜 그렇게
다운돼 있어?

뭣이 문제여
쎄이 썸띵?

이렇게 평생 노예로
살아야 하나
싶어서요.

요셉, 전에 네가 꿈 얘기
해줬잖어. 하나님이 주신
꿈이라면서~ 기억나지?

아~ 네!

그 꿈이 진짜
하나님이 주신 거면
언젠가 이뤄지지 않을까잉?

하하

정말… 그럴까요?

아무튼 요셉,
다음엔 웃으면서 보자잉!

에휴….

아따~! 정신 바짝 차리고
열심히 해봐라잉! 뭔 일이
일어날지 누가 알겠냐~

네, 아저씨!
다음에 또 봐요!

그래! 돌쇠 아저씨
말이 맞아.
정신 바짝 차리자!

하나님! 저를 바른 길로
인도해 주세요!
저 이제 진짜 열심히
할게요!

218

다음 편에 계속